Sur la chapelle de la Dame à Chester Cathedra

George Becher Blomfield

Writat

Cette édition parue en 2023

ISBN : 9789359257655

Publié par
Writat
email : info@writat.com

Sur la chapelle de la Dame de la cathédrale de Chester.

PAR LE RÉV. CANON BLOMFIELD. [3]

LA chapelle de la Dame de la cathédrale de Chester est connue depuis longtemps des architectes antiquaires comme un spécimen intéressant et précieux du style anglais primitif, mais elle n'a pratiquement jamais été examinée en détail par eux et, pour l'observateur général, elle n'a présenté aucune caractéristique particulière. intérêt. Le jugement vif et précis de Rickman découvrit la beauté générale de ses proportions ; mais la destruction de toutes les fenêtres d'origine et d'autres défigurations du bâtiment, qui ont eu lieu lorsque les bas-côtés ont été ajoutés au XVe siècle, ont servi jusqu'à présent à obscurcir ses beautés, qu'on a supposé qu'il possédait peu ou rien de digne de ce nom. d'observation.

Il est actuellement en restauration, dans la mesure où les circonstances le permettent ; et la décoration chromatique de l'intérieur a été confiée aux soins de M. Octavius Hudson, dont les œuvres à Salisbury et ailleurs l'ont établi comme un artiste de premier rang dans ce département spécial . La beauté et la finition soignée de son œuvre ont suscité l'admiration générale et éveillé un nouvel intérêt pour la structure et la composition de la Chapelle de la Dame elle-même. Pour cette raison, je suis amené à penser que quelques remarques sur l'histoire des Lady Chapels en général, et sur la nôtre en particulier, ne seront pas inappropriées aux objectifs de la Chester Archæological Society .

Je crois qu'il est juste de déclarer pour ma propre défense , si les informations que je suis en mesure de donner paraissent maigres et imparfaites, que, lorsque j'ai abordé le sujet , j'avais espéré rencontrer des documents élucidant l'origine, les utilisations, et les caractéristiques des Lady Chapels, que je n'ai pas réussi à découvrir. Je n'ai pas pu constater que le sujet ait fait l'objet d'une enquête particulière, ni que l'histoire des Lady Chapels, distincte de celle des cathédrales, ait jamais été retracée jusqu'à sa source. Je crois qu'il s'agit d'une mine encore inexplorée de connaissances antiquaires, et bien digne du travail de l' archéologue ecclésiastique . Mais, pour ma part, n'ayant ni le loisir ni l'occasion de l'explorer à fond, je dois me contenter de donner de l'histoire les éléments aussi peu nombreux et simples que j'ai pu glaner dans les quelques livres à ma portée.

Il est bien connu que toutes les nations européennes, depuis la première introduction du christianisme parmi elles, ont dirigé leur culte le plus solennel vers l' Orient, coutume que nous pouvons clairement attribuer au cours que suivirent les progrès de l'Évangile. à travers l'Europe, s'élevant de l'Est et continuant vers l'Ouest, réalisant ainsi pour chaque nation la promesse biblique du « lever du Soleil de justice avec la guérison sur ses ailes ». L'espoir aussi de la réapparition du Sauveur a toujours été dirigé vers l'Orient ; et comme cette espérance était d'un caractère très vif et énergique dans les premiers temps de l'Église, elle donna encore plus de force à l'habitude d'adresser leurs aspirations les plus pieuses dans cette direction. Dès que la reconnaissance du christianisme par l'Empire permit la construction d'édifices publics pour la célébration du culte divin, le système de l'Orientation y fut introduit. L'autel était placé dans ou près de l'extrémité orientale de chaque église : toutes les cérémonies supérieures de la religion, et spécialement l'administration de la Cène du Seigneur, y étaient célébrées ; et c'est là que les yeux et les pensées de la congrégation étaient dirigés vers le lieu du caractère sacré et de l'honneur . Pendant longtemps, la partie orientale des églises fut particulièrement considérée comme sacrée au nom et à l'honneur de Jésus-Christ. Mais lorsque le culte de la Vierge Marie commença à prendre l'importance qu'il avait depuis lors dans l'Église romaine, et à éclipser celui de Notre-Seigneur lui-même, il était généralement célébré dans la partie orientale de l'église ; et, comme pour lui donner un honneur plus spécial , la niche ou chapelle à l'extrémité orientale, adoptée du lieu saint du Temple de Jérusalem, lui fut appropriée. Et une extrémité encore plus orientale était souvent écartée de la structure originale, où le culte de la Vierge pouvait être spécialement célébré ; où ses statues, ses sanctuaires et ses offrandes pourraient être placées ; et vers lequel non seulement le regard du peuple dans le chœur, mais celui du prêtre officiant lui-même, debout devant le maître-autel, pouvait être constamment dirigé. Ainsi, selon la remarque étrange de Fuller, une gradation de révérence était établie : « Le porche disait au cimetière, et l'église disait au porche, et le chœur disait à l'église, et la Chapelle de la Dame leur disait. tous : « Tiens-toi plus loin, je suis plus saint que toi. »

Il arrivait en effet parfois, dans certaines cathédrales ou églises, qu'il y ait un saint lié au lieu qui était localement plus honoré , en raison des pouvoirs miraculeux attribués à ses reliques, que même la Vierge Marie, et de telle manière Dans certains cas, la chapelle orientale était consacrée à l' honneur de ce saint : comme celle de Becket, à Cantorbéry ; Saint-Cuthbert, à Durham ; Sainte Ethelreda , à Ely ; Saint-Alban, à Saint-Albans ; et Saint-Édouard, à l'abbaye de Westminster. Dans de tels cas, nous trouvons la Lady Chapel placée ailleurs, comme à Cantorbéry dans le bas-côté nord de la nef ; à Durham, à l'extrémité ouest, où on l'appelle la Galilée ; à Rochester, dans le transept sud ; à Oxford et Bristol, du côté nord du chœur. Dans toutes les autres cathédrales, la Chapelle de la Dame se trouve à l'extrémité orientale.

Dans la cathédrale de Chester, il est très probable que l'extrémité orientale du chœur *normand* était occupée par la chapelle et le sanctuaire [5] de Saint- Werburgh , s'étendant jusqu'à l'arc oriental du chœur actuel ; et, si tel était le cas, la chapelle de la Vierge serait à l'extrémité du bas-côté sud du chœur. Bien que le bâtiment actuel soit beaucoup plus étendu que celui de l'époque normande, nous retrouverons probablement les mêmes principes de structure et d'agencement toujours respectés. Il nous reste encore une niche, indiquant l'existence d'une image de la Vierge, et une piscine, impliquant un autel, à l'extrémité orientale de cette nef ; et ce sont probablement les vestiges d'un arrangement antérieur qui avait approprié cette partie de l'édifice au culte de la Vierge, et ils ont été simplement répétés sur le chœur nouveau et agrandi, bien que l'autel de la Vierge ait ensuite été déplacé à un endroit plus honorable . lieu.

À la date de l'érection de l'actuelle Lady Chapel, que je m'efforcerai de fixer vers 1280 après JC , Saint- Werburgh avait commencé à décliner quelque peu dans l'estime populaire ; aucun miracle n'a jamais été accompli dans son sanctuaire, et le goût de l'époque était celui d'une démonstration du pouvoir des saints. Il y eut aussi à cette époque un élan de dévotion envers la Vierge Marie. C'est pourquoi, lorsque la chapelle normande de Saint- Werburgh fut démolie et que le chœur fut agrandi, il était naturel qu'une nouvelle chapelle plus somptueuse soit donnée à l' honneur de la Vierge, occupant la même position relative, à l'extrémité orientale. du chœur. La position originale du sanctuaire de Saint- Werburgh a probablement été préservée grâce à ce nouvel arrangement ; mais au lieu de se trouver dans une chapelle séparée à l'est du chœur, elle faisait désormais partie du chœur, qui fut allongé de manière à l'inclure. On pense qu'il est resté dans cette position jusqu'à la période de la Réforme, lorsque la structure en pierre contenant le sanctuaire a été enlevée et transformée en trône pour l' évêque . Ainsi, sans manquer de respect au saint patron de l'Église, la Vierge Marie fut honorée d'une nouvelle chapelle, à laquelle furent consacrés un soin particulier et de grandes dépenses.

L'histoire des chapelles des Dames, telles qu'elles se trouvent annexées à toutes les plus grandes églises d'Europe et faisant partie de l'aménagement intérieur des plus petites, peut difficilement être étudiée sans faire référence à l'essor et aux progrès de la mariolâtrie de l'Église. de Rome. Une telle référence entrerait difficilement dans l'éventail des sujets habituellement traités par cette Société et nous entraînerait dans des questions de théologie et d'histoire ecclésiastique beaucoup trop vastes pour être traitées dans une brève et populaire conférence. Je me contenterai donc d'observer que l'exaltation de la Vierge Marie comme objet de culte a pris naissance au Ve siècle, et s'est développée par étapes graduelles jusqu'à ce que l'on trouve au XIe siècle, vers la date de la Conquête, que un office quotidien fut institué en son honneur , des titres divins commencèrent à lui être attribués, et toutes les épithètes imaginables, expressives d'adoration et de superstition extravagante, lui furent prodiguées dans les écrits de l'époque. C'est à cette époque, juste au moment où le premier comte normand refonda le monastère de Saint- Werburgh et érigea l'édifice dont tant de parties subsistent encore, que des chapelles de dame commencèrent à être ajoutées aux églises de ce royaume. Le culte de la Vierge, qui avait alors pris un caractère très important et très élaboré, nécessitait pour sa célébration un lieu séparé. Et il n'est pas inintéressant de rappeler qu'Anselme, abbé du Bec et archevêque de Cantorbéry, que Hugues Lupus fit venir à Chester pour remodeler l'établissement conventuel, fut un adorateur dévoué de la Vierge Marie et introduisit en Angleterre un fête en l'honneur de l'Immaculée Conception. Il veillerait donc à ce que tout l'honneur lui soit rendu et que toutes les dispositions nécessaires soient prises pour la célébration de son culte dans la nouvelle église conventuelle. Nous n'avons pas de plan exact de cette structure normande, mais d'après les vestiges découverts en 1841, il ressortait qu'il y avait une abside ou chapelle orientale, s'étendant au-delà du chœur lui-même, qui était probablement destinée à être la chapelle de la Vierge. , bien que, comme nous l'avons suggéré, utilisé comme site pour le sanctuaire de Saint- Werburgh . Toute cette structure disparut à la fin du XIIIe siècle, pour laisser la place aux bâtiments actuels, et c'est justement à cette époque que l'enthousiasme au sujet de l' honneur dû à la Sainte Vierge était à son comble.

Nous allons maintenant nous efforcer de fixer, autant que possible, la date de l'actuelle Chapelle de la Dame. En la comparant avec la salle capitulaire, le plus ancien de nos bâtiments de la première période anglaise, une différence marquée apparaît dans la composition des moulures , la forme des montants des fenêtres, la taille et le caractère des bossages, indiquant pour la Lady Chapel un période plus avancée du style. On retrouve ici, à l'extérieur, de lourds contreforts verticaux, chanfreinés aux angles, et avec des indications de colonnes groupées sur ceux de la partie orientale de l'édifice. Une riche et profonde corniche creuse, avec de très grands et massifs ornements en dents de chien, placées à plus d'un pied de distance, surplombe le mur extérieur, mais elle est maintenant cachée sous le toit des bas-côtés. Nous avons, intérieurement, multiplié les moulures rondes et creuses autour des fenêtres, intercalées avec les moulures en dents de chien ; nervures audacieuses et massives dans le toit d'arête, avec des bossages très riches et très ouvrés de grande taille aux intersections des nervures principales. Ces indications d'un style avancé nous amènent à fixer la date de l'érection à la période de transition du début de l'ordre anglais à l'ordre décoré, soit vers la fin du XIIIe siècle. Cela nous amènerait à l'époque où Simon de Albo Monasterio était abbé de Saint- Werburgh . Il était le plus compétent des abbés de Chester et le plus magnifique dans ses restaurations architecturales. Son accession à l' abbaye est datée de 1265 après JC et il vécut jusqu'en 1289, sous le règne d'Henri III. et Édouard Ier. Dans la 12e année d'Édouard Ier , nous avons une trace d'un précepte accordé pour permettre la venaison des forêts royales de Delamere et Wirral, pour le soutien des moines de Saint-Werburgh qui étaient engagés dans la construction de leur église. Il est clair que le premier édifice sur lequel ils s'occupèrent alors fut l'actuelle Chapelle de la Dame, qui témoigne du désir de l'Abbé de la rendre digne de celle à qui elle était dédiée, et de son propre caractère de munificence. Il n'est pas improbable que cette chapelle soit la seule chose qui ait été achevée du vivant de cet abbé, car il y a un déclin évident des efforts et des moyens architecturaux dans la partie orientale du chœur, qui a été érigée immédiatement après la chapelle. Le grand arc qui unit le chœur à la chapelle est remarqué par Rickman pour la richesse de ses arrondis et de ses creux multipliés, mais cette richesse ne se prolonge pas vers l'ouest. Je peux ici remarquer, en passant, que cet arc semble avoir été formé à partir de l'ancienne fenêtre normande est de la chapelle originale de la Dame, car il y a des indications évidentes de structure normande dans le mur de chaque côté de celle-ci. On ose alors fixer la date de l'érection vers 1280.

La Chapelle de la Dame, construite par Simon de Albo Monasterio , était sans bas-côtés ; les murs extérieurs étant contreforts et corniches comme décrit précédemment, et avec un parapet, dont il ne reste plus aucune partie. Il y avait trois fenêtres triples de chaque côté, dont il ne reste que les moulures des montants . Les remplages de quatre d'entre eux ont été entièrement supprimés lors de la construction des bas-côtés, et ceux des deux autres ont été remplacés à la même époque par des remplages grossiers perpendiculaires. La fenêtre est était probablement composée de cinq lumières. Il reste encore des traces de ses meneaux, qui descendent sur la face externe de l'extrémité est. Il reste encore suffisamment de vestiges de la composition extérieure de la chapelle pour qu'elle puisse être restaurée à l'extérieur comme à l'intérieur dans sa forme originale.

Il ne semble pas qu'il y ait eu d'entrée à la chapelle, telle qu'elle a été construite à l'origine, sauf par l'arc oriental partant du chœur. On y pénètre maintenant par les bas-côtés, une des fenêtres ayant été découpée de chaque côté, jusqu'au bas du mur, afin d'ouvrir ce passage. Cela a probablement été fait au moment même où le maître-autel était érigé dans le chœur et élevé sur une plate-forme si élevée qu'elle obstruait entièrement le passage sous l'arc oriental. Cette plate-forme, qui enfouissait les colonnes jusqu'à quatre pieds au-dessus des moulures de base , fut considérablement abaissée en 1841.

Lorsque nous entrons dans la chapelle, la première chose qui nous frappe peut-être est la faiblesse du plafond, qui n'est que de 32 pieds du sol à la nervure centrale, car c'est une caractéristique des bâtiments de cette époque qu'ils s'élèvent bien au-dessus de la hauteur. de la voûte normande, et donnent une grande impression de hauteur et de légèreté. Les causes de ce défaut, s'il en est une, dans ce bâtiment, semblent avoir été deux : — En premier lieu, il était nécessaire de maintenir le toit à une élévation telle qu'il ne gêne pas la lumière de la fenêtre supérieure est. du chœur. En deuxième lieu, le sol de la chapelle a été surélevé au-dessus de son niveau d'origine, comme le montre la ligne du banc de pierre qui fait le tour de l'extérieur ; et de la position du Sedilia à l'extrémité est. De la fenêtre orientale, ainsi que des deux qui se trouvent à proximité, au nord et au sud, il est évident de remarquer que les entrelacs sont d'un caractère perpendiculaire tardif, tandis que les moulures des montants sont décorées tardivement . De là vient l'un des principaux défauts de l'intérieur de la chapelle, le manque d'harmonie dans ses détails architecturaux, frappant le plus fortement l'œil dans la fenêtre est, dont les simples entrelacs perpendiculaires sont si manifestement incongrus avec le caractère anglais pointu de la chapelle. les caractéristiques environnantes du bâtiment. La libéralité des citoyens de Chester a en effet atténué dans une certaine mesure l'effet désagréable de ce contraste, par l'introduction d'une belle fenêtre est en verre peint, conçue par Pugin et exécutée par Wailes de sa meilleure manière . Mais il est impossible de ne pas regretter que les remplages eux-mêmes n'aient pas été restitués à leur caractère propre avant l'introduction du verre peint ; il n'est pas non plus déraisonnable d'espérer que cela pourra encore être fait, et que la belle fenêtre à cinq lumières pourra encore être reconstruite, afin d'achever la restauration de l'intérieur de cette belle chapelle.

La prochaine caractéristique observable de la chapelle est le toit à croupes, marqué notamment par ses singulières et belles bossages aux trois principaux points d'intersection des nervures. Ces bossages sont d'une taille inhabituellement grande pour un bâtiment si bas, ayant un diamètre de trois pieds et descendant au-dessous du plafond de plus de 18 pouces. Le poids de chaque boss est de près de deux tonnes. Ils font preuve d'un grand soin et d'une grande habileté dans la conception et l'exécution, et sont terminés avec cette attention aux détails qui caractérise les œuvres de cette époque, bien que cela semble être presque un gaspillage de travail lorsqu'ils sont employés sur des objets si loin au-dessus de l'œil du spectateur .

Le bossage central porte une figure de la Vierge à l'Enfant, celui de l'Est, symbole de la Trinité, et celui de l'Ouest, une représentation du meurtre de Thomas a Becket.

Il n'est pas improbable que ces trois sujets, placés dans cet ordre d'est en ouest, aient été conçus pour incarner les trois grands traits de l'Église chrétienne de cette époque. Nous avons dans la première une figure du Père, assis sur son trône, tenant entre ses genoux un petit crucifix, et la colombe repose sur la croix, dans l'attitude de chuchoter à l'oreille du Sauveur . Ce n'était pas une forme rare de représentation de la Trinité dans les premiers temps, et elle occulte avec force, bien que grossièrement, les éléments de la vérité chrétienne : le Père, qui est aux cieux, présentant le Fils, crucifié pour nous ; et le Saint-Esprit concourant au plan de rédemption et apportant du réconfort au Sauveur pour le soutenir dans sa dernière agonie. [9]

Nous avons dans le second patron la représentation du culte de la Vierge Marie, caractéristique saillante de l'Église romaine. La Vierge est représentée, selon une coutume invariable, assise et avec l'enfant Sauveur dans ses bras ; *c'est elle* , et non le Sauveur , qui est le sujet principal de l'œuvre. Le Sauveur a toujours été représenté ainsi, comme un enfant dans les bras de sa mère, non seulement pour marquer son identité, mais aussi pour incarner l'idée de son influence et de son autorité sur lui et son Église.

Nous avons alors dans le troisième patron une indication à la fois du culte des saints et de la suprématie du Pape, dans le martyre de Thomas a Becket. Nous disposons ainsi d'une série complète de représentations symboliques de la doctrine de l'Église de Rome .

Ce troisième boss mérite une attention particulière. Cela a longtemps rendu perplexe le jugement des observateurs curieux et défié l'habileté des critiques archéologiques . Étant hors de portée d'un examen minutieux, et la disposition des figures étant quelque peu compliquée, il n'était pas facile à interpréter. C'était passé avec certains pour l'Assomption de la Vierge ; avec d'autres pour la Résurrection de Notre-Seigneur, parce que les figures d'hommes armés y étaient apparentes ; mais personne ne devina le véritable sujet, jusqu'à ce qu'on en fasse un moulage et qu'on puisse l'examiner sur le sol. Il n'y a aucun doute maintenant sur ce qu'il représente, le meurtre de Thomas Becket, et sur le fait qu'il donne une version quelque peu inhabituelle de cet événement. Il existe de nombreuses représentations du meurtre, certaines presque contemporaines, tant en verre peint qu'en pierre sculptée, notamment en France et en Italie. Non seulement Becket lui-même était l'un des défenseurs les plus distingués et les plus courageux des droits et de l'autorité de l'Église romaine contre l'agression royale, mais sa mort a constitué une grande crise dans l'histoire du pouvoir papal et a ouvert la voie à une vaste extension du pouvoir pontifical. dans toute l'Europe. C'est pour cette raison que le souvenir de son martyre fut perpétué sous toutes les formes possibles. Mais chose singulière, pour un événement aussi notoire, et dont les détails ont été rapportés par près de trente écrivains contemporains, les représentations réelles en diffèrent beaucoup les unes des autres, et des faits réels de l'histoire. Dans *les Mémoriaux de la cathédrale de Cantorbéry* de M. Stanley , une comparaison minutieuse de tous les récits du martyre est instituée et une analyse précise est donnée des faits qui peuvent être considérés comme authentiques. Notre patron est plus d'accord avec ces faits que la plupart des autres descriptions du même sujet. Nous y avons bien sûr les figures des quatre chevaliers mémorables qui furent les auteurs de l'acte : Reginald Fitzurse , Hugh de Morville , William de Tracy et Richard de Brez . Ceux-ci sont tous représentés comme portant une armure de chaînes , avec les casquettes en acier habituelles des croisés, et portant des épées et des boucliers. Les figures sont curieusement entrelacées et retournées sur la pierre, afin de les amener toutes dans l'espace limité. Les boucliers qu'ils portent ont tous leurs emblèmes héraldiques. C'est exactement ce qui se passe. La figure de Becket est représentée, comme d'habitude, agenouillée devant un autel, la tête penchée en avant. A côté de lui se tient le moine Grim, portant la crosse ou la croix. Fitzurse , dont l'identité est marquée par les ours sur son bouclier, tient son épée à deux mains, prêt à frapper ; mais il semble que ce soit Richard de Brez , qui porte une tête de sanglier sur son bouclier, qui porte le coup, et le coup est représenté comme tombant sur le sommet de la tête de Beckett, de manière à lui couper le crâne. Ceci est précisément conforme aux récits les mieux authentifiés. Car si le premier coup porté fut celui de Tracy, le coup fatal fut porté par Brez ou Breton. «Le coup fut dirigé avec une telle violence», dit le récit du moine Grim, «que le cuir chevelu ou sommet de la tête, dont on remarqua qu'il était d'une taille inhabituelle, fut séparé du crâne, et l'épée cassa en deux sur le crâne. le pavé de marbre. C'est l'acte final qui est représenté sur le patron, l'acte qui acheva le martyre et libéra l'âme de Becket, comme on dit, de sa prison terrestre, afin qu'elle puisse aller recevoir sa gloire au ciel, comme un homme. des plus grands saints de l'Église catholique du Christ.

Il n'est pas inintéressant de rechercher la raison pour laquelle les faits de ce meurtre ont été imputés à ce patron. Dans la célèbre traduction du corps du saint canonisé de la crypte de la cathédrale de Cantorbéry, où il avait d'abord été enterré, jusqu'au sanctuaire nouvellement érigé à l'extrémité est du chœur de la même église, traduction qui a été faite par Stephen Langton, archevêque de Cantorbéry, en présence du roi Henri III. et tous les prélats du royaume, et coûtèrent, en pompe et en cérémonie, plus qu'un couronnement, — l'évêque de Chester de ce jour [11a] en fut un acteur principal. Il fut rejoint avec Langton dans la commission royale, qui porte la date de 1220 après JC . L' évêque rapporterait très probablement avec lui de Cantorbéry à Chester une vive impression de la solennité des scènes et des vertus du martyr. Il *a* rapporté avec lui une relique très précieuse du Saint, non moins que la ceinture qu'il portait au moment de son martyre. Et cette ceinture, il la présenta à l'abbaye de Saint- Werburgh , où elle fut conservée avec un soin religieux jusqu'au moment où toutes ces reliques acquièrent peut-être quelque chose de moins que leur valeur intrinsèque et furent détruites à la dissolution. Avec la relique, l' évêque serait susceptible d'apporter avec lui une version précise des détails du meurtre, et cette version serait incarnée sur la pierre sculptée de ce patron.

J'oserai, en prenant congé de ce sujet, ajouter à mes remarques le commentaire le plus précieux de M. Stanley, [11b] qui soulignera la morale de mon histoire : « Nous devons tous nous rappeler que les misérables superstitions qui se sont rassemblées autour du sanctuaire (et du nom) de Thomas de Cantorbéry, finit par éloigner complètement de sa mémoire les affections des hommes pensants, et par faire du nom de Becket un mot de reproche, aussi peu proportionné à ses mérites réels que l'avaient été les imprudents vénération que lui rendaient ses adorateurs au moyen âge.

Je passe maintenant du caractère architectural de cette Chapelle-Dame à son histoire. Puissais-je dire qu'il existe des matériaux à partir desquels je pourrais construire un récit des événements qui se sont produits dans ses murs au cours des six siècles de son existence. Si nous pouvions revenir sur la période sombre de ses débuts et découvrir les secrets de la vie monastique qui se sont déroulés ici, nous pourrions raconter quelques histoires qui intéresseraient et étonneraient les auditeurs de ces temps plus éclairés. Mais il est peut-être aussi vrai que la curiosité ne peut se contenter de la découverte de faits que nous risquons très probablement de mal comprendre et de mal juger. Et nous devons nous contenter de considérer toute la période depuis la construction de la chapelle vers 1280 jusqu'à la dissolution du monastère, en 1541, comme un blanc sur lequel aucune lumière d'histoire ou de documents, ni même de tradition, n'a été apportée. jeté. Le seul fait de cette période qui présente le moindre intérêt est l'enterrement de John de Salghall , l'un des derniers abbés, décédé en 1452, temp. Henri VI. Son lieu de sépulture est décrit comme étant « entre deux piliers du côté sud de la chapelle, sous une pierre d'albâtre » ; sur quoi on peut observer que, comme l'endroit ainsi délimité est dans l'ouverture faite par la découpe du mur sous la fenêtre sud pour gagner une ouverture dans le bas-côté sud, ce bas-côté doit avoir été construit auparavant ; et pourtant on *dit communément* qu'elle a été construite sous le règne d'Henri VII. [12]

encore la pierre sous laquelle l'abbé fut enterré , non pas en albâtre, mais en marbre de Purbeck, et porte les traces d'un laiton très riche, qui devait recouvrir presque toute la pierre. Il y a environ trente ans, cette pierre fut enlevée, et le cercueil de l'Abbé fut retrouvé dessous, dans un état assez parfait. Son corps était enveloppé de plis de céréale ; et une écriture illisible sur parchemin gisait sur cette poitrine. Son anneau de fonction en or, contenant un gros saphir, était à l'index de sa main droite. Celui-ci n'a pas été enterré à nouveau avec le reste du contenu du cercueil, mais est désormais conservé parmi les trésors du Chapitre.

Je peux observer qu'à l'époque de la Réforme, lorsque le culte de la Vierge était répudié par l'Église d'Angleterre, les réformateurs semblaient avoir eu pour objectif de profaner toutes les chapelles des Dames, en vue d'éteindre l'actuelle préjugés persistants en faveur des lieux où l'intérêt et l'intercession de la Sainte Vierge avaient été recherchés pendant tant de siècles. Ils étaient, pour la plupart, convertis à certains usages laïques et utilisés comme écoles, sacristies ou cours consistoriales. C'est à ce dernier usage que fut réservée la Chapelle-Dame de notre Cathédrale ; et c'est là que l'évêque Cotes, sous le règne de la reine Mary (1555 après JC), tint le procès de George Marsh pour hérésie et le condamna à être brûlé vif , sentence qui fut peu après exécutée à Boughton. le 24 avril 1555. [13a]

Nous ne savons pas combien de temps après, la cour du Consistoire fut déplacée de la chapelle de la Dame à son emplacement actuel dans la tour sud-ouest, mais probablement à l'époque de la Restauration. Depuis cette date, la chapelle a été restaurée pour des usages plus convenables, et les prières du petit matin, ou Matines, y ont toujours été lues.

l'Itinéraire de Webb , [13b] parlant de la Lady Chapel telle qu'elle apparaissait à son époque (1640 après JC), il dit qu'elle était « ornée d'une belle fenêtre à l'est, d'un travail de verre très curieux, où se trouve l'histoire de la Sainte Vierge, sa descendance des reins de Jessé, dans la lignée de David ; bien que maintenant, à cause du temps et des intempéries, la même histoire soit très entachée.

Quarante ans plus tard, les méfaits qui avaient commencé « par le temps et les intempéries » furent complétés par une foule tumultueuse de citoyens de Chester, incitée, comme on le supposait, par James duc de Monmouth, qui se trouvait alors à Chester. , courtisant la popularité. Ils sont entrés par effraction dans la cathédrale et, entre autres outrages commis contre le contenu du bâtiment sacré, ont entièrement détruit les vitres peintes de la fenêtre est de la Chapelle de la Dame. Ce fut l'œuvre des citoyens plus tard, et sous un meilleur sentiment, de réparer les blessures faites par leurs ancêtres et de orner une fois de plus la fenêtre est avec « un travail de verre très curieux », un exemple qui a été suivi par de nombreux particuliers, de sorte que nous avons maintenant toutes les fenêtres de la chapelle ainsi décorées, pour un coût d'au moins 1 500 £.

Permettez-moi de dire quelques mots en conclusion sur le but et le caractère des travaux qui se poursuivent actuellement dans cette chapelle. Je n'oserai pas nommer la personne par la suggestion de laquelle ils ont été entrepris et aux frais de laquelle la partie décorative doit être exécutée, car elle désire être tenue au second plan et que tout se fasse à la gloire. de Dieu. Mais je puis affirmer qu'il s'agit de restaurer l'intérieur de la chapelle dans le même état dans lequel on peut croire qu'il a été laissé par ses premiers bâtisseurs. D'un examen attentif et minutieux des bossages, des nervures, des moulures des fenêtres et des chapiteaux, il est évident qu'ils avaient reçu la coloration décorative habituelle dans les bâtiments de cette époque ; et les restes, retrouvés sous les couches de chaux accumulées, suffisaient à indiquer avec précision les différentes nuances de couleur , de manière à permettre à l'artiste qui les examinait de restituer exactement le dessin original. M. Octavius Hudson, qui a fait de cette branche de l'art ancien son étude spéciale et qui a montré son habileté et sa connaissance du sujet dans ses admirables œuvres chromatiques à Salisbury, s'est fait confier la restauration de cette chapelle.

Je crois qu'il y a des personnes qui considèrent avec beaucoup de méfiance ces tentatives visant à faire revivre le caractère médiéval de nos édifices sacrés ; pensant que c'est symptomatique des tendances romanisantes; ou, du moins, susceptible de les favoriser ; et craignant que, si nous commençons par introduire l'ornement médiéval , nous finirons peut-être par introduire des cérémonies médiévales .

Il est vrai que le badigeon a longtemps été le symbole du véritable protestantisme. Des couches successives en ont été appliquées sur les anciennes décorations murales de nos églises, afin, pour ainsi dire, de perpétuer l'horreur de la superstition papiste en en effaçant la tache sur les murs mêmes. Tout ce qui servirait à plaire aux yeux et à satisfaire le sentiment ; tout ce qui tendait même à exprimer le désir de glorifier la Maison de Dieu et d'impressionner les fidèles de sentiments révérencieux a été exclu, comme s'il s'agissait d'idolâtrie. Nous avons tous été éduqués dans une atmosphère de blanchiment ecclésiastique. Les yeux des gens y ont été tellement habitués, en tant que pigment unique de l'Église, qu'ils sont difficilement amenés à penser à quoi que ce soit d'autre d'orthodoxe ou d'approprié.

Mais, quant au principe de la coloration , comme moyen de donner un caractère agréable et respectueux à l'intérieur de nos églises, il ne faut sûrement pas confondre l'idée de simplicité dans *le culte* de Dieu avec celle de simplicité dans *l'édifice* . Nous sommes heureusement limités au premier, aussi bien par notre Rituel établi que par notre sens commun de ce qui est vrai et édifiant. Pour ce dernier, nous ne sommes limités par aucune règle, juridique ou scripturaire. En admettant que lorsque nous introduisons des variétés fantaisistes de costumes, de gestes et d'embellissements dans les offices du culte divin, nous en abaissons l'esprit et le sens, il ne s'ensuit nullement que la même objection s'applique à l'ornementation riche et chromatique des l'édifice lui-même. En cela, nous faisons évidemment honneur à Celui dont il porte le nom et manifestons le désir de Lui donner le meilleur de nous-mêmes. « La fille du roi est toute glorieuse à l'intérieur » peut s'appliquer non moins, bien que dans un sens secondaire, à l'Église *matérielle* qu'à l' Église *spirituelle* du Christ. Tous les produits naturels doivent être employés « pour embellir le lieu de mon sanctuaire », sous la dispensation chrétienne tout autant que sous la dispensation juive ; « et je rendrai glorieux le lieu de mes pieds » (Ésaïe lx. 13). Nous ne remettons pas en question de nos jours l'opportunité de faire revivre l'architecture ecclésiastique très élaborée du moyen âge , afin de donner un effet riche et grandiose à nos Maisons de Dieu. Je ne vois pas la différence entre faire cela, et les enrichir d' une coloration appropriée , pour atténuer la monotonie de l'effet. L'un est tout aussi calculé que l'autre pour donner un ton plus riche et plus impressionnant à ce qui se présente aux sens du fidèle. Il n'y a pas plus de symbolisme dans l'un que dans l'autre ; plus de symptôme d'un retour à la superstition médiévale .

En considérant la question simplement d'un point de vue artistique ou archéologique , on peut très bien douter que nous puissions former une appréciation correcte de la beauté et de l'effet réels de l' architecture médiévale sans restaurer la coloration qui en faisait initialement partie. *Nous* ne le voyons pas comme le voyaient ceux qui ont construit les églises. Si nous leur faisons confiance pour un goût correct en matière d'agencement structurel, pourquoi ne pas leur faire confiance également en ce qui concerne la couleur ? Que ressentiraient ces artistes médiévaux s'ils revenaient voir les murs et les plafonds désormais incolores de leurs structures richement ornées ? Que ferait Simon de Albo Monasterio dit-il à l'état de la Chapelle Notre-Dame ? Que diraient Michel-Ange, ou toute personne de goût, s'il pouvait voir l'intérieur de Saint-Pierre tout recouvert de chaux ?

Quelle que soit la prudence requise dans la renaissance de cet ancien style de décoration, et, sans aucun doute, beaucoup de jugement et d'habileté sont nécessaires pour faire revivre l'ancien ton de coloration , afin qu'il puisse servir à plaire à l'œil sans offenser le sens de l'art. la convenance, mais je pense que l'intelligence et le goût progressistes de l'époque sauront sanctionner cette tentative. Les quelques expériences qui ont été faites récemment dans cet art dans la cathédrale d'Ely et dans la salle capitulaire de Salisbury ont été extrêmement réussies et ont fait ressortir dans le bâtiment des effets inobservés auparavant. Il est probable que ce sera également l'effet ici. Et j'oserai ajouter l'expression de l'espoir qu'un jour viendra où le même style de décoration pourra s'étendre, dans une certaine mesure, aux voûtes d'arêtes du Chœur. Cette masse monotone de bois et de plâtre retrouverait un peu de vie et de beauté par quelques touches d'or et de couleur , et elle serait soulagée du reproche, qu'on lui fait parfois parfois, de n'être qu'une très pauvre tentative de représenter la pierre.

Revenons un instant à la Chapelle-Dame. Je me suis déjà plaint du caractère incongru des entrelacs de la fenêtre est, comme perturbant l'effet harmonieux de l'intérieur. Un projet est actuellement en cours pour la remplacer par une fenêtre Early English à cinq lumières, d'après un dessin de M. Scott. Il serait fort souhaitable que la bienveillance des individus intéressés par la restauration de l'église puisse être appliquée pour aider le doyen et le chapitre à restaurer l' *extérieur* de cette chapelle. Il est maintenant dans un état délabré, voire dangereux ; et comme c'est la première partie du bâtiment qui se présente à l'œil d'un observateur sur les murs de la ville, elle pourrait être rendue aussi riche et agréable en effet architectural qu'elle est maintenant pauvre et offensante. L'esprit des citoyens et du comté a été autrefois appelé à contribuer au travail de restauration. Qu'elle soit à nouveau réveillée pour promouvoir l' honneur de Dieu Tout-Puissant, en embellissant ce lieu de Son sanctuaire ! [16]

NOTES DE BAS DE PAGE.

[3] Lu devant la Société le lundi 1er février 1858.

[5] Hanshall , dans son *History of Cheshire* , 4to, 1817, page 221, déclare que le sanctuaire de Saint- Werburgh , et le piédestal sur lequel il reposait, « se trouvaient autrefois dans la chapelle de la Vierge à l'extrémité est du chœur ; et que le piédestal a été déplacé à sa position actuelle peu après la Réforme et converti en trône épiscopal. L'histoire est muette quant au sort du sanctuaire lui-même ; mais étant d'une grande valeur intrinsèque, il disparut sans doute à la Dissolution, avec d'autres reliques précieuses appartenant à l'abbaye.

[9] Plusieurs exemples de ce dispositif trinitaire nous viennent à l'esprit ; mais il suffira de citer par exemple le magnifique sceau contemporain du Prieuré Holy Trinity à York, dont le dessin général ressemble beaucoup à celui du patron de la Lady Chapel, sauf dans la position de la colombe, qui dans le sceau d'York semble être en position. l'acte de descendre du Père sur la tête du Sauveur crucifié . Un autre exemple, plus récent, du XVIe siècle, est donné dans le *Journal of the British Archæological Institute* , Vol. VIII., p. 317, d'après un médaillon en argent, œuvre de Heinrich Reitz, de Leipzig, qui prospéra de 1553 à 1586 après JC . Il faut peut-être dire que ce curieux patron fut pendant plus de deux siècles caché aux regards par un immense bloc de plâtre moulé en forme de rose Tudor ; et que son véritable caractère n'a été découvert que par simple accident, alors qu'il préparait le plafond à arêtes pour un traitement chromatique, par les mains de M. Octavius Hudson.

[11a] William de Cornhill, évêque de Chester, Lichfield et Coventry, de 1216 à 1223.

[11b] *Mémoriaux de Cantorbéry*, p. 110.

[12] On dit que cette nef sud de la Chapelle de la Dame s'appelait autrefois la *Chapelle Saint-Érasme*. Près de l'endroit indiqué ci-dessus, sinon dans la même tombe, furent déposées, selon Webb (*Vale Royal*

, Vol. II, p. 26,) les restes du bon évêque Bridgman, vers l'année 1656. D'autres récits donnent Église de Kinnersley , Shropshire, comme lieu de son enterrement.

[13a] Un compte rendu complet du procès et de l'exécution de George Marsh se trouve dans Foxe's *Book of Martyrs* , Vol. I.p. 1481.

[13b] *Vale Royal d'Angleterre* , Vol. II. p. 33.

[16] Pendant que ces pages passent sous presse (novembre 1859), les modifications et améliorations suggérées dans le paragraphe de conclusion ci-dessus sont actuellement mises en œuvre, sous les auspices du doyen et du chapitre. La fenêtre est en vitrail de la fin de l'année a été soigneusement enlevée, avec les entrelacs, et sera placée dans l'une des fenêtres nord de la chapelle de la Dame, tandis qu'une nouvelle fenêtre est à cinq lumières a été érigée à sa place et sera en il sera temps de s'orner d'un autre sujet en vitrail.